THÈSE

POUR

LA LICENCE.

TOULOUSE,

TYPOGRAPHIE GIBRAC OUVRIERS RÉUNIS,

RUE SAINT-PANTALÉON, 3.

A MON PERE, A MA MÈRE,

A MES FRÈRES

A TOUS CEUX QUE J'AIME.

ACTE PUBLIC

POUR

LA LICENCE

En exécution de l'Article 4, Titre 2, de la Loi du 22 Ventôse an XII.

SOUTENU PAR

M. BOUSSION (Philippe),

Né à Lauzun (Lot-et-Garonne).

Jus Romanum.

DIG. LIB. XIX, TIT. V.

De præscriptis verbis et in factum actionibus.

Sine dubio jam multi enumerantur contractus jure Romano, variis civilibus actionibus firmati, sed extra hanc enumerationem multæ

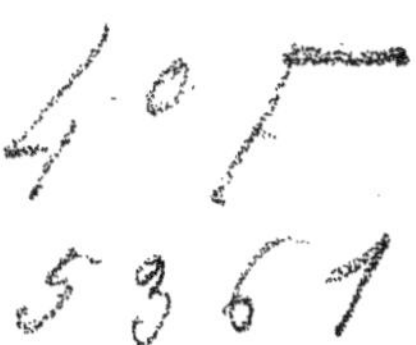

manent conventiones quæ nunquam civiles contractus factæ sunt, sed quæ semper pactis similes, tamen ad modum civilium contractuum redacti sunt, quia actione civili incerta dicta nituntur.

Omnes conventiones de quibus dicimus, quæcumque sint, et variis modis inclusæ, stant tamen omnes hoc argumento : neminem debere locupletiorem fieri facto alterius, nisi fuerit animus donandi, et ex consequentia fingendam esse actionem ut damneris mihi, quanti interest meâ accipere illud de quo conventum fuerat, quùm à te petebam similem rem aut factum simile meo facto erga te aut meæ rei traditæ. Hæc actio quæ speciale nomen non habere potest, quoniam fluit à conventione cui deficit nomen, *præscriptis verbis* vocatur, aut *in factum* generali verbo.

Facilè intelligitur hanc actionem in factum vocari, quia quum deficiunt vulgaria atque usitata actionum nomina civilium, naturâ eligendum erat nomen in facto speciali quod obligationem peperit, sed disputatio esse potest in origine alius nominis : *præscriptis verbis*. Aliquando dictum fuit natum esse hoc nomen actionis, quia, quùm nullam propriam formulam in albo Prætoris haberet, erat a jurisconsulto concipienda et verbis ab eo præscriptis edenda ; sed hanc sententiam non adprobamus et nobis videtur hanc denominationem creatam fuisse quia, quum deficiebat nomen civile actionis, in demonstratione formulæ cogebatur Prætor *narrare, præscribere* historiam facti à quo originem ducebant obligatio actioque.

Nobis nunc disserendum est de casibus ex quibus oritur talis actio, qui sanè penè innumerabiles sunt, sed qui tamen sub definitis titulis inscribi possunt. Quamvis diximus à conventionibus generaliter descendere actionem nostram, aliquandò evenit hoc fieri sine conventione, et facillimè tunc creatur distinctio inter hæc duo genera factorum quibus adjungitur actio nostra.

Sectio Prima.

De actione in factum à conventione oriente.

Omnes conventiones una formula includit generalis, quæ sic exprimitur : *do ut des, do ut facias, facio ut des, facio ut facias;* indè fit distinctio in quatuor modos conventionum quas firmat in factum actio. Tamen antequam ponentur varia exempla, animadvertendum est non dari actionem in quibusvis innominatis conventionibus, sed in illis duntaxat quæ cum aliquo ex nominatis contractibus adfinitatem et similitudinem habent, ut prodetur ad instar actionis quæ ex illo contractu descendit ; contrà animadvertendum est non solum locum esse actioni *præscriptis verbis*, quum deficit actio civilis, sed et quum dubitatur an competat ; exempli gratiâ, quia de natura contractûs dubitatur, an is sit qui nomen et propriam actionem habeat. Hinc, quum apud veteres dubitaretur an de re immobili posset commodatum contrahi, Ulpianus ita respondit : Si gratuitam tibi habitationem dedero, an commodati agere possim? Et Vivianus ait posse, sed est tutiùs præscriptis verbis agere (1. 17, § 1, h. t.)

§ 1. — *De conventionibus* do ut des.

Si quidem pecuniam do ut rem accipiam, emptio et venditio est. Sin autem rem do ut rem accipiam, permutatio est. Sin autem rem do, ut rem accipiam, quia non placet permutationem rerum emptionem esse, dubium non est nasci debere obligationem, sed quæ non creabit empti vinditi actionem. In illâ tamen actione id veniet, non ut reddas quod acciperis, sed ut damneris mihi quanti interest mea illud de quo convenit accipere, vel si meum recipere velim, repetatur quod datum est quasi ob rem datum, re non secuta. Sanè hæc conventio quæ permutatio vocatur non verè innominata est , sed quasi innominata habetur. Facile intelligitur hunc modum conventionis redigi ad exemplar emptionis venditionis, quamvis emptio venditio non sit; itaque colligendi sunt omnes modi simillimi huic contractu. Si dedi pecuniam ut res mihi daretur , id est ut dominium transferetur , hoc à natura contractus venditionis exorbitat, et est contractus innominatus, actione præscriptis verbis firmatus. Indè si mortuus est Stichus ob dationem cujus pecuniam tibi tradidi , mihi res non perit, quia emptio venditio non est, sed repetere potero meam pecuniam traditam (Dig. l. 16 , lib. 12 , t. 4.)

Est etiam contractus innominatus ferè similis, quum res venalis alicui experienda datur. Itaque statuit Ulpianus lege 20 nostro titulo, præscriptis verbis agendum esse, si tibi equos venales experiendos dedero, ut si in triduo displicuissent redderes, tuque desultor in his cucurreris et feceris deteriores. Item erit si aut equi aut mulæ similibus conditionibus tradentur, et nondum perfecta sit emptio.

Sunt quoque innominati contractus quæ locationem quodam modo fingunt, verbi gratiâ, si quum unum bovem haberem, et vicinus unum , placuerit inter nos , per denos dies ego ei , et ille mihi bovem commodaremus, ut opus faceret, et apud alterum bos periit; commodati non competit actio, gratuitum est enim commodatum, et in hâc occasione pretium recipuit, verùm præscriptis verbis agendum est (L. 17 , ₴ 3, hoc titulo). A fortiori, non erit commodatum quoque, si utenda res quidem detur, sed non ea lege ut eadem in specie reddatur, velut, si tibi scyphos dedi ut pondus argenti redderes quantum in illis esset, non est commodatum, quia in commodato, res eadem repetenda est, nec mutuum, cum mutuum non consistat nisi in rebus fungibilibus, itaque locus erit actioni præscriptis verbis. Item, non erit locatio, si merces rei traditæ non in pecuniâ consistat sed in aliqua utilitate.

Si pecunia datur, ut pecunia vicissìm detur, contractus est mutui; sed quum ad mutui contractum, necnon ad mandatum accedit species, actione præscriptis verbis utendum est, sicut hac in specie. Rogasti me, ut tibi nummos mutuos darem; quum non haberem, tibi dedi rem vendendam ut pretio utereris; si non vendidisti aut vendidisti quidem, pecuniam autem non accepisti, tutius est ita agere, ut Labeo ait, præscriptis verbis, quasi negotio quodam inter nos gesto proprii contractus.

Multæ sunt quoque species quæ ad depositum accedunt, et tamen non depositum sunt. Si quis sponsionis causa inter duos declaratæ annullos acceperit, nec reddidit victori, non erit furti actio, invitâ Sabini sententiâ, quia furtum est solum cùm possessio rei aufertur, et victor annulli possessionem nunquam habuerat; non erit quoque actio depositi, quia non meræ custodiæ causa annulli traditi sint, sed ut daretur victori, et præterea victor, quum suum annullum duntaxat deposuerit, non posset agere depositi ad consequendum annullum ejus qui victus est. Itaque actione præscriptis verbis pugnandum erit; eamdem adprobamus sententiam, si quum duo secundum Tiberim ambularent, alter eorum ei qui secum ambulabat, rogatus annullum ostendit, ut respiceret, illi excidit annullus, et in Tiberim devolutus est. (L. 23, *hoc titulo.*)

Quæ autem culpa præstetur in eo contractu quo res alicui inspicienda datur, ita docet Ulpianus: si rem inspectori dedi mea causa, dum volo pretium exquirere, dolum mihi tantum præstabit, quià propè depositum hoc accedit; si verò ipsius causa, aut utriusque, dolum et culpam mihi præstabit.

§ 2. — *De conventionibus do ut facias.*

Cum do ut facias, si tale sit factum quod locari soleat, puta : ut tabulam pingas pecuniâ datâ, locatio erit ; si non pecunia sed alia res datur; non erit locatio, sed nascetur vel civilis actio in hoc quod meâ interest, vel ad repetendum conductio (L. 5, ? 11. h. 1.). Sic, si insulam hoc modo, ut aliam insulam reficeres, vendiderim, placuit non esse venditionem, quia pretium non in pecuniâ numeratâ consistit, nec locationem insulæ, quia illæ refectiones non fingunt pecuniam locationis; itaquè erit ad repetendam insulam actio præscriptis verbis. Idem erit, si ut facias, non totam rem, sed illius solum usum trado. Sic enim statuit Ulpianus: si prædium pro te obligavero , deindè placuerit inter nos ut mihi fidejussorem præstares , nec facias.

Sæpè datur pecunia ut quid fiat ; sed si factum tale est quod locari non pòssit, locatio non erit , verbi gratiâ, si tibi decem dedero, ut Stichum manumittas , et cessaveris, confestim agam præscriptis verbis ut solvas quanti meâ interest ; aut si nihil interest , condicam ut decem reddas.

§ 3. — *De Conventionibus* facio ut des.

Ad nullum contractum civilem, hæc contractûum species accedit ; igitur, quod si faciam ut des et postea quam feci cessas dare, nulla erit civilis actio, sed de dolo dabitur. Nobis hujus regulæ præbet conspicuum exemplum lex 16 nostro titulo quæ sic statuit : permisisti mihi ut sererem in fundo tuo et fructus tollerem ; et sic patet me facere opus aliquid ut mihi præbeas fructus , sed sevi, nec pateris me fructus tollere. Nulla erit actio civilis , ait Aristo , sed doli et in factum.

Tamen si abest dolus, erit aliquando actio civilis præscriptis verbis , verbi gratia , cùm fugitivarius indicium dedit loci quo celarentur servi , quia negotium est aliquod in illâ conventione quâ fugitivario mercedem promisit dominus servi , esse poterit civilis actio præscriptis verbis.

§ 4. — *De conventionibus* facio ut facias.

Si pacti sumus ut tu in meo , ego in tuo solo ædificem , ego ædificavi et tu cessas, quæ oritur actio ? Num mandatum est ? Vix probabilis est affirmativa, nam in hac conventione , invitis solitis regulis executio mandati sumptibus fit et impensis mandatarii ; itaque , quamvis hoc argumentum dirui posset si animadvertitur compensari sumptus quos in meum negotium feceris, cum his quos in tuum feci, Paulo tutiùs videtur præscriptis verbis agendum esse (l. 5 , 2 4 , h. t.). Cui speciei maxime accedit alia species sequens : naturalis meus filius tibi servus est, et tuus filius mihi. Convenit inter nos ut tu meum manumitteres et ego tuum. Ego manumisi, tu cessas; erit condemnatio adversus te quanti interest mea servum habere quem manumisi.

SECTIO SECUNDA.

De actione in factum ex aliis causis oriente quam ex conventionibus.

Quia actionum non plenus numerus est, plerumque actiones in factum desiderantur, et eas actiones accommodat Prætor, si exigit æquitas.

Sic, dum lege Aquilia damni persecutio est civilis solùm quum *corpori corpore* illatum - fuerit damnum, dat actionem Prætor ad persecutionem damni non præcisè illis solemnibus verbis definiti.

Itaque si servum quis alienum spoliaverit, isque frigore mortuus sit, quoniam non corpore sed frigore mors fuit, civilis actio ex lege Aquilià non esset ; sed in hoc casu creat Prætor actionem simillimam actioni civili.

Idem erit in hoc casu : adversùs illum qui servandarum mercium suarum causa, alienas merces in mare projecit, quum tempestatis inutilis timor erat, non agendum est lege Aquilia, quià forte corruptæ non sunt merces, nec dolo, quia qui timebat tempestatem dolo non fecit ; sed erit actio in factum ; quia non æquum est mercium dominum damnum sentire ex vano ejus timore.

Tandem idem auxilium actionis in factum præbebit Prætor, si cùm mulieri testator partis tertiæ bonorum usumfructum legaverit, et distractis bonis à creditoribus tertia pars ætimationis ei datur, erròre, quasi domina et non usufructuaria solum fuerit. Repetitio post mortem illius, cessante usufructu post vitam, erit actione in factum firmata.

Code Napoléon.

De la capacité pour recevoir ou pour donner à titre gratuit.

(901 à 912, combinés avec les art. 502 et suiv. 25 et autres , 1125
Code Civil.)

En principe , toutes personnes peuvent disposer ou recevoir par donation entre vifs ou par testament (art. 902 Cod. Nap.). Mais , comme l'intérêt général de la société demande que ce principe soit limité , la loi, toujours prévoyante , a eu soin de nous désigner les personnes qui sont incapables de donner ou de recevoir. Il n'y a donc d'incapables que les personnes positivement exceptées par la loi ; nous sommes donc conduit à ne développer que les exceptions , puisque elles seules peuvent donner lieu à quelques difficultés.

Avant d'arriver au sujet qui doit faire l'objet de notre étude , et dans une matière si importante, nous croyons nécessaire de diviser notre travail en quatre sections.

Dans la première , nous traiterons des personnes qui sont frappées d'une incapacité absolue de disposer à titre gratuit ;

Dans la seconde , de celles qui sont frappées d'une incapacité absolue de recevoir ;

Dans la troisième , de l'incapacité relative de disposer et par suite de l'incapacité relative de recevoir ;

Enfin , dans la quatrième, nous parlerons des dispositions déguisées

sous la forme d'un contrat à titre onéreux, ou faites sous le nom c
personnes interposées.

SECTION PREMIÈRE.

*Des personnes qui sont frappées d'une incapacité absolue de disposer à tit.
gratuit.*

Le Législateur envisage les actes à titre gratuit sous un jour part
culier. Il a eu dans la pensée de surveiller certaines personnes qui
par leurs manœuvres perfides, auraient pu s'emparer de la faiblesse c
raison d'un homme , et lui arracher ainsi des dons contraires à sa v
lonté. Aussi voyons-nous clairement le sens de notre art. 901 C. Nap
qui est ainsi conçu : « Pour faire une donation entre vifs , il fa
être sain d'esprit. » Sans doute , daus les contrats en général, il fa
être sain d'esprit; mais ici la règle est plus rigoureuse, plus absolu
Ainsi, non-seulement l'interdit qui se trouve dans un état d'imbécillit
de démence ou de fureur, ne peut faire un acte à titre gratuit valabl
(Art. 502 C. Nap.) ; mais il en est de même de celui qui n'est pas interd
et qui se trouve dans un de ces états. Il y a seulement cette différence
c'est que , dans le premier cas l'acte est nul de plein droit, et qu'il i
l'est pas dans le second. Cependant, MM. Dalloz, Merlin, en se for
dant sur des arguments plus spécieux que solides , enseignent que l'ac
fait par un interdit, n'est pas nul de plein droit. Il est généralemei
admis que l'art. 901 déroge aux principes de l'art. 504. La discussic
qui eut lieu au Conseil-d'Etat fait évanouir toute espèce de doute à c
égard. L'art. 503 n'est pas non plus applicable aux donations et testa
ments. D'après le même art. 901 , nous devons dire aussi qu'un acte fa
par celui dont la raison serait altérée pour une raison quelconque , l'
vresse, une maladie, etc. , nous devons dire que cet acte serait nu
Toutefois, les tribunaux ne devraient accueillir une pareille action qu'ai
tant que les faits seraient graves et précis.

Parmi les personnes incapables de disposer , nous trouvons , après l interdits, les prodigues ou les personnes faibles d'esprit qui ne peuvent disposer par donation entre-vifs sans l'assistance de leur conseil. Ils n'ont pas besoin de cette assistance pour disposer par testament.

La mort civile ayant été abolie par une loi récente, du 31 mai 1854, nous avons cependant à parler de l'incapacité du condamné à une peine afflictive perpétuelle. Car, en faisant disparaître la mort civile de notre Code, la nouvelle loi, dans son art. 3, maintient pour ce condamné l'incapacité de disposer, soit par donation entre-vifs, soit par testament. Et pourquoi cette incapacité n'a-t-elle pas subi le sort de la mort civile ? Parce qu'il est indigne que cet homme, que la justice condamne à la peine capitale, puisse s'écrier : *Dico testator et erit lex.* On doit se méfier de cet homme et ne pas lui permettre de faire des dons qui, selon toutes les prévisions, lui seraient *dictés* par de mauvaises passions ; reconnaissons d'ailleurs que pour celui qui ose offenser la société par un crme horrible, la société, à son tour, a le droit de le dépouiller de la faculté de tester.

Quant au mineur, il faut faire une distinction entre le mineur âgé de moins de seize ans et celui qui est parvenu à l'âge de seize ans. Relativement au mineur qui a moins de seize ans, son intelligence n'est pas assez développée, son esprit n'est pas assez mûr pour pouvoir disposer gratuitement de ses biens. Arrivé à l'âge de seize aus, la loi lui permet de disposer, mais par testament seulement, et de la moitié dont pourrait disposer un majeur.

La loi permet cependant au mineur de moins de seize ans de faire des donations entre-vifs par contrat de mariage, pourvu qu'il soit assisté par les personnes qui étaient présentes au contrat (1095 C. Nap.); mais la donation faite par un mineur à son conjoint pendant le mariage, serait de nul effet ; car si on permet à un mineur de donner à son conjoint, par contrat de mariage, c'est qu'on a voulu favoriser le mariage, et une donation quelquefois peut décider d'une union ; mais une fois cette union contractée, le mineur rentre dans le droit commun. Cette opinion est professée par la plupart des auteurs.

Nous trouvons dans l'art. 905 les incapacités des femmes mariées qui ne peuvent donner entre-vifs sans l'assistance de leur mari ou sans l'autorisation de la justice ; mais elles peuvent tester sans autorisation, car aucune volonté étrangère ne doit présider à la confection de cet acte ; d'ailleurs, on ne porte d'aucune manière atteinte à la puissance maritale. La femme qui dispose avec l'autorisation de la justice doit réserver la jouissance de *ce qu'elle donne à son mari* (1555 C. Nap.), à moins cependant que le mari ne soit absent (1427 C. Nap.)

Quant à la femme séparée de biens, nous déciderons qu'elle ne peut aliéner à titre gratuit son mobilier sans l'autorisation de la justice ; car l'argument qu'on trouve dans l'art. 1449 ne doit s'entendre que des actes à titre onéreux. Du reste, à peu près tous les auteurs reconnaissent la légitimité de cette solution.

SECTION II.

De l'Incapacité de recevoir à titre gratuit.

Il y a deux incapacités absolues de recevoir :

1o Pour le condamné à une peine afflictive perpétuelle ;

2o Pour les personnes qui ne sont pas encore conçues.

La loi du 31 mai 1854, qui a aboli la mort civile, maintient, pour le condamné à une peine afflictive perpétuelle, l'incapacité de recevoir. En effet, on ne pouvait pas admettre ce coupable à recueillir le fruit de libéralités capricieuses ou immorales. On ne devait pas lui permettre de recueillir des dons qui seraient venus protester contre l'arrêt qu'il venait de subir. Néanmoins, la loi lui permettant de vivre, ne devait pas lui en enlever les moyens ; aussi peut-il recevoir pour dons d'alimens, mais, sous ce prétexte, on ne peut éluder la loi, et si le don était trop fort, il y aurait lieu à le réduire.

Suivant l'art. 906, celui qui n'est pas conçu, ne peut recevoir aucune donation ni aucun legs, car ce qui est néant n'a pas de capacité, mais celui qui est conçu peut recevoir, à la condition cependant d'être né viable, c'est-à-dire, organisé de manière à pouvoir prolonger son existence et parcourir la carrière ordinaire de la vie.

Tout le monde est d'accord sur cette règle, que le légataire pour recevoir doit être conçu au moment du décès du testateur. Mais la règle n'est pas sans difficulté, quand il s'agit de l'appliquer aux donations entre-vifs, lorsque la déclaration du donateur et l'acceptation se trouvent dans un acte séparé et postérieur. Dans ce cas, le donataire doit-il être conçu au moment de la rédaction de l'acte, ou bien suffit-il qu'il soit conçu au moment de l'acceptation? Ceux qui tiennent pour la première opinion se fondent sur ce que la déclaration de vouloir donner étant une offre de se dépouiller actuellement en faveur du donataire, cette offre emporte pour ce dernier la faculté de rendre la libéralité irrévocable en l'acceptant. Elle lie par conséquent le donateur, en ce sens que, s'il veut paralyser l'effet de l'acceptation, il est tenu de révoquer sa déclaration. Ceux qui soutiennent la seconde opinion, se fondent sur ce que le moment de la donation est celui de l'acceptation dûment connue du donateur, et sur ce qu'il suffit d'être conçu au moment de la donation. Nous adoptons la seconde opinion, en suivant la même argumentation, et de plus en déclarant qu'il nous semble impossible de concevoir qu'on se dépouille actuellement au profit d'un individu qui n'existe pas encore.

Pour savoir si l'enfant donataire ou légataire est conçu lors de l'acceptation de la donation entre-vifs ou du décès du testateur, je pense qu'il y aura lieu d'appliquer la présomption de l'art. 312. Cette règle doit être appliquée, ce nous semble, aussi-bien en matière de succession qu'en matière de filiation légitime.

Il y a une exception au principe qui exige que le donataire soit au moins conçu au moment de la donation, c'est pour les donations faites par contrat de mariage aux époux et aux enfants à naître (art. 1082). Ce principe ne s'applique pas non plus aux substitutions fidéi-commissaires (art. 1049, 1050 C. N.).—Celui qui est pourvu d'un conseil judiciaire peut-il recevoir? Oui. (Arg. 513),

Section III.

*De l'incapacité relative de disposer, et par suite, de l'incapacité relative de
recevoir.*

Sont incapables en matière de donations :

1o Le mineur de plus de seize ans et le mineur qui est devenu majeur
dans ses rapports avec son tuteur ;

2o Le père ou la mère, dans leurs rapports avec leurs enfants naturels ;

3o Les personnes malades, dans leurs rapports avec les médecins,
pharmaciens, ou avec les ministres du culte, etc.

1o Notre ancien Droit redoutait beaucoup l'influence qu'on pouvait
exercer sur la volonté du donateur ; aussi, plus sévère qu'aujourd'hui,
déclarait-il nul tout don ou legs fait par un mineur à son tuteur, à son
instituteur, à son curateur, gardien, etc. ; notre Code n'a pas trouvé
utile de pousser aussi loin ces nullités ; mais, cependant, dans l'art. 907,
il déclare que le mineur, quoique parvenu à l'âge de seize ans, ne pourra, même par testament, disposer au profit de son tuteur, et il décide
aussi que le mineur devenu majeur, ne pourra disposer au profit de son
tuteur, si le compte de tutelle n'a pas été rendu et apuré. Sont exceptés
de cette règle, les ascendants des mineurs qui sont ou qui ont été leurs
tuteurs ; le lien de parenté qui existe entre eux justifie assez cette libéralité, et on ne doit pas se méfier des dons ou legs que fait un mineur
à son ascendant.

Cette nullité, écrite dans l'art. 907, ne s'applique pas au tuteur *ad
hoc*, ni au tuteur des interdits, ni aux curateurs. Il n'y a donc de nullité
que contre le véritable tuteur ; il y avait à craindre, en effet, que le tuteur ne profitât de l'inexpérience du pupille sur lequel en général il a
beaucoup d'ascendant, et qu'à la faveur de cet ascendant il ne pût se
faire acheter, par une quittance de complaisance apposée au bas du
compte de tutelle, le droit pour son ancien pupille d'entrer immédiate-
ment en possession de sa fortune, et en même temps lui dérober ouvertement par la donation une partie de cette fortune.

L'art. 472 exige, pour la validité des traités entre un mineur et un tuteur, que le compte de tutelle ait été rendu avec la remise des pièces justificatives, le tout constaté dix jours au moins avant le traité. Cette disposition s'applique-t-elle quand il s'agit d'une donation ou d'un legs? Ce n'est pas notre avis. L'art. 907 ne renvoie pas à l'art. 472 et par conséquent une donation faite moins de dix jours après un compte rendu et apuré ne peut être annulée;

2° Le père ou la mère dans leurs rapports avec leurs enfants naturels.

Nous avons rencontré au titre des successions, une disposition de loi en vertu de laquelle un enfant naturel ne peut avoir dans une succession les mêmes droits que s'il était légitime. Ils succèdent bien, mais jamais pour le tout quand le défunt a laissé des parents légitimes. Leur droit est limité suivant la qualité des parents avec lesquels ils concourent, et dans un cas, suivant le nombre. Ils ont le tiers de ce qu'ils auraient eu s'ils concourent avec des descendants légitimes, la moitié s'ils concourent avec des ascendants ou des frères ou sœurs, les trois quarts s'ils concourent avec des collatéraux ; cette disposition de loi concilie en même temps l'intérêt de l'humanité avec l'intérêt du mariage. On ne pourrait pas priver absolument les enfants naturels, sans blesser ouvertement l'humanité ; d'un autre côté on ne pourrait pas non plus assimiler les enfants naturels aux enfants légitimes, l'homme aurait été porté à contracter des unions illicites et passagères, et le mariage n'aurait pas été entouré de la protection qu'on lui devait. C'est pour que ces dernières dispositions si justes de la loi ne soient pas violées, que le législateur a placé ici la règle que les enfants naturels ne peuvent rien recevoir au-delà de ce qui leur est accordé au titre des successions.

Les enfants incestueux ou adultérins n'ont droit qu'à des aliments.

La libéralité faite au fils légitime d'un enfant naturel doit être déclarée nulle, car l'incapacité dont il est frappé s'étend à ses enfants, à cause de la présomption d'interposition de personnes.

3° Les personnes malades dans leurs rapports avec les médecins, pharmaciens, etc., ministres du culte.

Nous trouvons dans Pothier les véritables motifs de cette incapacité :

« Les malades, dit-il, pour obtenir la guérison , n'osent rien refuser à ceux qui les traitent et desquels ils s'imaginent pouvoir l'obtenir; pour les ministres du culte, l'empire qu'ils acquièrent sur l'esprit de leurs pénitents et surtout de leurs pénitentes , est si grand , que la loi présume qne les libéralités qu'ils reçoivent n'ont pas été faites avec la liberté nécessaire pour les faire valoir. » La loi a donc craint l'influence que ceux qui exercent l'art de guérir pourraient obtenir sur l'esprit des malades ; aussi déciderons-nous que cette énumération n'est pas limitative ; ainsi la prohibition comprend les sages-femmes qu'on peut assimiler, pour les accouchements, à des officiers de santé ; elle comprend surtout les empiriques, les charlatants, qui savent si bien s'attirer la confiance auprès des gens peu éclairés , par toute espèce de mensonges et d'impostures. D'ailleurs , le caractère en général peu honorable de ces individus est un motif de plus pour se méfier d'eux ; cependant nous n'irons pas jusqu'à annuler les libéralités faites aux gardes malades.

Trois conditions sont nécessaires pour que le médecin soit incapable de recevoir :

1° Il faut qu'il ait traité le malade , et nous ne dirons pas qu'il a traité s'il a été seulement appelé en consultation ; et lorsque la loi parle des pharmaciens, elle ne veut pas dire qu'il suffit pour qu'ils soient incapables qu'ils n'aient fait que vendre des médicaments (comme c'est l'usage de nos jours); mais il faudrait qu'ils eussent assisté le malade ; de même, pour que le ministre du culte soit déclaré incapable , il faut qu'il ait rempli des fonctions de nature à exercer de l'influence sur l'esprit du malade. Il n'y a aucune distinction à faire entre les ministres de la religion catholique et les ministres d'une autre religion ;

2° Que le don ou le legs ait été fait pendant la maladie dans laquelle le médecin a prodigué ses soins ;

3° Il faut que le don ou legs soit fait dans la maladie dont on meurt.

Ainsi, la disposition faite pendant qu'on est en bonne santé à son médecin ou à son confesseur ordinaire, cette disposition n'en est pas moins valable : cela se comprend très-bien. Mais ce qui est plus inexplicable, c'est que la loi déclare valable le don ou legs fait pendant une maladie, par cela seul que le disposant revient à la santé. Cette règle est juste pour le testament, puisque, si le testateur a été trompé , il peut révoquer sa disposition ; mais pour les donations qui sont irrévocables , la loi aurait dû les déclarer nulles en pareil cas.

Il faut déclarer avec la jurisprudence que le médecin qui serait l'époux de la personne malade pourrait recevoir d'elle , quand bien même il lui aurait prodigué ses soins. En effet, en présence de l'art. 212 C. Nap., qui impose aux époux l'obligation de se porter mutuellement secours, assistance, il n'était pas possible de frapper le mari d'une incapacité qu'il est loin de mériter , puisqu'il remplit ses devoirs en donnant les secours de son art à son conjoint. D'ailleurs, puisque entre époux, la loi permet de se faire des libéralités , le mari n'a pas besoin que son épouse soit malade pour acquérir de l'empire sur son esprit ; mais vivant avec elle , dans cette vie intime de la famille, il lui est toujours facile de trouver des occasions qui enchaînent sa liberté. Il faudrait opter pour la même opinion , quand bien même le mariage n'aurait été contracté que pendant la maladie ; le don ou legs serait valable , à moins cependant qu'il ne fût prouvé que cet époux-médecin n'avait contracté cette union que dans le but peu honorable de faire valider la donation ou le testament.

La fin de notre article 909 formule deux exceptions à la règle prohibitive que je crains d'expliquer ; la première exception n'offre aucune difficulté. Les médecins et les ministres du culte sont capables de recevoir les dispositions rémunératoires faites à titre particulier, eu égard aux facultés du disposant et aux services rendus. On ne devait pas entièrement priver le disposant de donner ou de léguer à son médecin ; celui-ci, par le dévouement et le soin qu'il a prodigué au malade, peut mériter une récompense ; mais il ne faut pas que cette disposition excède le bornes raisonnables des services rendus.

Dans la seconde exception, la loi déclare les médecins capables de recevoir au cas de parenté jusqu'au quatrième degré inclusivement, pourvu qu'il n'y ait pas d'héritiers en ligne directe , à moins que celui au profit de qui la disposition a été faite ne soit un de ces héritiers ; cette dernière exception offre un peu plus de difficulté que la première. Il y a deux systèmes d'interprétation en présence relativement à cette disposition.

Ceux qui professent le premier disent que le mot héritiers signifie parens, et il en résulte : 1º que le médecin ou ministre du culte parent au quatrième degré ne pourrait recevoir qu'autant que le disposant n'aurait aucuns *parents* en ligne directe ; 2º que quand bien même le disposant aurait des parents directs, héritiers ou non, il suffit d'être l'un de ces parens pour pouvoir recueillir. Rendons ce système clair par un exemple ; nous supposons : 1º un malade qui a pour plus proche parent un aïeul et un frère. Quoique dans la succession *ab intestat* le frère soit préféré à l'aïeul, le disposant ne pourra rien donner à un collatéral du quatrième degré (oncle, neveu, cousin).

2º Supposons un malade qui a pour héritiers ses enfants ; il pourrait disposer, au profit de son père, d'un petit enfant de son aïeul. Nous partagerons l'opinion de ceux qui soutiennent le second système. Car, dirons-nous, la loi n'a pas parlé des parents, mais bien des héritiers, et ce n'était pas dans les vues de la loi qu'un parent, non héritier et qui par conséquent n'avait pas droit à une succession, vînt faire déclarer l'incapacité d'un autre à venir la prendre. Aussi déciderons-nous, contrairement au premier système et en citant le même exemple, que si le disposant a pour plus proche parent son aïeul et un frère, la succession étant alors déférée au frère, le disposant n'a pas d'héritier en ligne directe et il peut donner tout ou partie de sa fortune au médecin qui est son aïeul, son oncle, etc. De même nous dirons qu'un malade qui a pour héritiers ses enfants ne pourra disposer au profit du médecin, qui serait ou son frère, ou son père, ou son petit-fils.

Section IV.

Des dispositions déguisées sous la forme d'un contrat à titre onéreux, ou faites sous le nom de personnes interposées.

La loi a eu soin de frapper certaines personnes d'une incapacité absolue ou relative de recevoir. Il fallait par conséquent qu'elle prévînt les fraudes qui auraient pu être mises en usage pour éluder ses décisions. En effet, il était à craindre qu'on eût recours à l'apparence d'un acte onéreux, ou à l'interposition d'une personne pour attribuer une libéralité à une personne incapable de recevoir. La loi déclare donc nulle : 1º toute disposition au profit d'un incapable lorsqu'on la déguise sous la forme d'un contrat à titre onéreux ; 2º quand on la fait sous le nom de personnes interposées :

1º La libéralité est faite sous le nom d'un contrat à titre onéreux lorsque l'une des parties déclare faussement avoir reçu de l'argent en échange de ce qu'elle abandonne ; exemple: Je vends quelque chose, j'en donne quittance, quoique je n'aie pas été payé, voilà une libéralité faite sous le nom d'un contrat à titre onéreux ; il est clair que cette fraude faite à la loi ne saurait être valide quand elle a pour objet de gratifier des incapables. C'est à ceux qui prétendent qu'un pareil acte n'est qu'une libéralité à prouver que ce n'est qu'un acte simulé, et ils doivent établir que leur demande est fondée; car, de ce que je suis incapable de recevoir gratuitement d'une personne, je n'en suis pas moins capable de contracter à titre onéreux. La présomption est toujours en faveur de l'acte et de la bonne foi, quand la loi ne décide pas le contraire.

2º La libéralité est faite sous le nom de personne interposée, lorsque le donataire ou légataire désigné dans l'acte de donation ou dans le testament s'est, par un acte secret, engagé moralement à restituer le bénéfice de la libéralité à celui que la loi a frappé de l'incapacité absolue ou relative de recevoir. Cette libéralité est aussi nulle, quand elle doit enrichir un incapable, car, c'est en quelque sorte faire indirectement ce que la loi nous défend de faire ouvertement. Mais c'est à celui qui demande la nullité de cette interposition à l'établir, d'après la règle générale *onus probandi incumbit ei qui dicit*. On pourra, du reste, prouver par tous les moyens possibles, soit par écrit, par témoins ou par de simples présomptions que le juge pourra induire des circonstances.

Mais notre art. 901 pose un cas où la simulation est présumée de plein droit et où le donataire ou légataire est regardé comme n'étant qu'un prête-nom. Les personnes réputées interposées sont : 1° le père, la mère ; 2° les enfants ; 3° le conjoint de l'incapable. Ainsi, la libéralité faite au père ou à la mère du médecin, dans l'hypothèse prévue par l'art. 909 est nulle, parce qu'elle est présumée faite au médecin lui-même. Ceux qui attaqueraient un pareil acte, n'auraient, dans ce cas, rien à prouver, et le bénéficiaire ne serait pas admis à soutenir que c'est réellement à lui que la libéralité a été faite.

Lorsqu'il s'agit de l'annulation d'un acte, on ne pourrait pas appliquer la présomption à d'autres ascendants que les père et mère ; mais il va sans dire que la disposition s'applique aux père, mère ou enfants naturels ou même adoptifs et à la femme séparée de corps. La libéralité faite à un enfant naturel, par le moyen de l'interposition de personnes, ne serait nulle que pour l'excédant seulement de ce qui est accordé à l'enfant naturel au titre des successions.

Code de Commerce.

LIV. II, TIT. XX.

Des Avaries et du Jet.

Le mot avaries, de nos jours, a une signification bien différente de celle qu'il avait au moyen-âge. On s'en servait alors pour désigner les frais de peu d'importance auxquels contribuaient proportionnellement le propriétaire et les chargeurs. Aujourd'hui, le Code de Commerce comprend sous le nom d'avaries les dépenses extraordinaires faites pour le navire et les dommages éprouvés par les marchandises, permettant d'intenter une action contre les assureurs, afin d'obtenir une indemnité proportionnelle.

En principe, c'est aux parties qu'il appartient de déterminer par des conventions spéciales tout ce qui peut être relatif aux avaries. On doit respecter leurs conventions et il n'y a de règle légale que pour le cas où l'assureur et l'assuré ne se sont point expliqués.

Les avaries sont de deux classes : 1o avaries grosses ou communes ; 2o avaries simples ou particulières. On distingue les dernières à ce caractère, c'est que le dommage est involontaire ou accidentel. L'avarie, au contraire, est grosse ou commune, lorsque le dommage est souffert volontairement et dans l'intérêt du navire et des marchandises.

Les avaries communes (ainsi appelées, parce qu'elles sont réparées en commun) donnent seules lieu à ce qu'on appelle contribution. En effet, il est juste et équitable qu'un sacrifice fait pour le salut commun, soit réparé par tous ceux à qui il a été utile. Ainsi, on jette des marchandises à la mer dans l'intérêt général pour sauver toutes les marchandises, tous doivent contribuer en proportion de leur cargaison.

Quant aux avaries simples, elles sont supportées par le propriétaire seul, si elles proviennent du vice propre de la chose; mais si l'avarie particulière est occasionnée par la faute de quelqu'un, le propriétaire a son recours contre celui qui a commis cette faute.

Il est une clause assez fréquente chez les compagnies, c'est qu'elles ne répondront que de la perte totale et non de la perte partielle ou avarie proprement dite, c'est la clause *franc d'avaries*. La compagnie, par cette clause, est-elle affranchie de l'avarie grosse en même temps que particulière? Nous pensons qu'elle répond encore de l'avarie commune, et elle ne pourrait s'en affranchir que si elle avait des raisons bien plausibles pour le faire, et encore devrait-elle le déclarer expressément. Lorsque le sinistre est total, il va sans dire que malgré la clause *franc d'avaries*, on peut intenter l'action d'avarie qui est moins onéreuse que l'action en délaissement.

Le législateur nous donne dans l'art. 400 C. Com., une énumération des avaries grosses et communes, et dans l'art. 403 une énumération des avaries particulières. Si complète qu'elle soit, il y a toujours du danger à faire une énumération, et nous pensons que la loi aurait mieux fait de poser le principe pour qu'on en tirât librement les conclusions, elle aurait par là évité un grand nombre de difficultés.

Nous avons dit que tout le monde contribuait aux avaries communes; mais doit-on déclarer avaries communes les conséquences de cette avarie? Ainsi il peut arriver que pendant un voyage en mer il soit nécessaire de couper un mât ou de faire des sacrifices de cette espèce pour alléger le navire ou pour faciliter la manœuvre et éviter ainsi la tempête; cet accident arrivé au navire est une avarie commune; chacun doit contribuer à la reconstruction du mât. Mais pour réparer le navire endommagé pour le salut commun, il faut relâcher dans un port. On se demande si les dépenses extraordinaires faites par la suite de ce relâche, qui peuvent être de trois sortes, sont des avaries communes.

Ces trois sortes de dépenses sont :

1o Les dépenses d'entrée au port et de sortie ;

2o Les frais de chargement et de déchargement ;

3o Les frais de nourriture et de salaire de l'équipage.

Les Anglais classent indistinctement les conséquences d'une avarie commune parmi ces mêmes avaries. Les Français ne pensent pas de même ; peut-être le système anglais est-il préférable. La loi française classe parmi les avaries communes les frais d'entrée au port. Les frais de chargement et de déchargement sont rangés parmi les avaries particulières. Mais il vaudrait mieux adopter un système de répartition : que l'avarie soit commune lorsqu'elle est faite dans le but de sauver le navire seul, et particulière lorsqu'elle est faite dans le but de sauver seulement la marchandise. Maintenant voyons dans quelle classe on range les frais de nourriture et de salaire de l'équipage. Il peut arriver deux cas, ou bien le navire relâche dans un port parce qu'il est retenu par arrêt de puissance, ou bien parce qu'il a besoin de réparations. Dans le premier cas, il n'est dû aucun fret tant que dure la détention, et les frais de nourriture et les salaires des gens de l'équipage sont déclarés avaries communes. Dans le deuxième cas, lorsque le navire relâche dans un port parce qu'il a besoin de réparation, nous déciderons que le fret est toujours dû, et par conséquent, pour ne pas faire une trop belle part aux armateurs, nous rangerons parmi les avaries particulières les frais de nourriture et de loyer, malgré les dispositions contraires de notre art. 400 C. Com.

La disposition de notre art. 401 favorise un peu le commerce de la navigation, en ne fesant contribuer que pour moitié le navire lorsqu'il y a avarie commune. Chez les différentes nations, la législation sur ce point n'est pas la même ; chez les unes le navire ne contribue pas du tout, chez d'autres au contraire il contribue pour le tout.

L'art. 402 nous dit que le prix des marchandises sacrifiées s'établit par la valeur au lieu de déchargement. Lorsqu'on l'examine par rapport aux charges entre eux, l'estimation des marchandises se fait eu égard à ce qu'elles valent lorsque le navire arrive au lieu de déchargement, sans en déduire les frais de transport. Mais pour ce qui concerne les rapports de l'assuré et de l'assureur, la marchandise ne change pas de valeur et l'assureur est tenu scrupuleusement de rendre à l'assuré ce qu'il a déboursé.

L'art. 408 contient une disposition fort juste lorsqu'il nous dit que l'assuré n'est point admis à former une demande contre l'assureur si l'avarie n'excède pas un pour cent de la chose endommagée ; car, dans ce cas, il arriverait souvent que les frais d'estimation dépasseraient l'intérêt des parties.

Dans l'usage, on distingue deux sortes de jet : 1o le jet régulier qui existe lorsque le danger n'est pas imminent ; et 2o le jet irrégulier qui ne permet pas de délibérer et qui veut seulement qu'on agisse.

Le jet est une espèce d'avarie commune, autrement dit, c'est l'action de précipiter dans la mer une partie des objets dont le navire est chargé, et cela arrive toutes les fois que le capitaine a besoin d'alléger le navire, soit pour éviter une tempête, soit pour échapper à l'ennemi. Si le jet était fait dans l'intérêt seul des marchandises jetées, il y aurait alors avarie particulière ; aussi, avant de faire le jet faut-il prouver la nécessité. Le capitaine doit tenir à cet effet un conseil composé des principaux de l'équipage et des intéressés au chargement, qui sont tous appelés à donner leur avis ; en cas de diversité d'avis, celui des principaux de l'équipage est préféré, car il serait à craindre que les intéressés au chargement, en donnant leur opinion, ne fussent guidés que par l'intérêt de sauver leurs marchandises.

L'art. 411 C. Nap., désigne les choses qu'on doit sacrifier les premières. On doit jeter en premier lieu les choses les moins nécessaires, les plus pesantes et de moindre prix, ensuite les marchandises du premier pont. Cette disposition est juste et l'arbitraire ne pouvait pas exister en pareil cas. Je pense cependant que tout en observant cette règle portée par l'art. 411 C. Nap., on doit jeter d'abord toutes les choses dont il n'y a pas de connaissement, car la perte de ces marchandises ne donnant lieu à aucune contribution en faveur de ceux à qui elles appartiennent, le capitaine, s'il ne veut pas manquer à son devoir, doit avant tout sacrifier des marchandises qui ne coûteront rien et agir ainsi dans l'intérêt des armateurs et des chargeurs qui sont en règle ; d'ailleurs, on ne montrera jamais trop de sévérité pour celui qui a voulu faire la fraude.

Lorsque le jet est fait, l'art. 412 impose au capitaine l'obligation de rédiger, aussitôt qu'il le peut, un procès-verbal exprimant les motifs qui ont déterminé le jet et détaillant les objets jetés ou endommagés par cet événement. De plus, cet acte doit contenir la signature des délibérants ou le motif de leur refus de signer ; de plus, la loi ne veut pas que le capitaine soit arrivé au port de décharge pour affirmer et vérifier les faits constatés dans le procès-verbal, mais il doit le faire au premier port de relâche afin qu'il ne puisse faire aucune fraude, par exemple, garder pour lui les marchandises et dire ensuite qu'elles ont été jetées.

Il ne suffit pas que le jet ait été fait avec toutes les formalités légales, il faut encore, pour qu'il donne lieu à la contribution, qu'il sauve le navire ; c'est au résultat qu'on s'attache et non pas seulement à la circonstance du jet. Cette étrange disposition de l'art. 423 me paraît contraire à la justice : on ne peut se l'expliquer et en chercher l'origine que par une fausse application d'un principe du Droit Romain qu'on a voulu imiter. Le Droit Romain disait : *Salvâ nave, jactus in contributionem venit*, ce qui voulait dire que tout ce qui resterait en débris du navire devrait contribuer à réparer, par contribution, les pertes provenant du jet, et on a maladroitement traduit en disant : que la contribution, à suite du jet, ne devait avoir lieu que si la contribution avait sauvé le navire.

Droit Administratif.

Du réglement de juges, conflit négatif d'attribution, conflits de juridiction, procédure en réglement de juges.

Quoique le législateur ait pris le soin de limiter la mesure de compétence attribuée à chaque juridiction, il peut arriver que le juge interprète mal la loi ou la méconnaisse, et que l'embarras des justiciables devienne bien grand, si deux ou plusieurs tribunaux veulent juger à la fois la même question, ou qu'au contraire ancun d'eux ne veuille s'en occuper, en prétendant qu'il n'a pas le pouvoir de statuer. Cette difficulté, qui se traduit dans la pratique par le nom de conflit positif dans le premier cas, et de conflit négatif dans le second, reçoit sa solution dans les dispositions du Code de Procédure, lorsqu'il s'agit de la lutte de deux ou plusieurs tribunaux ordinaires et du même ordre; mais elle se complique et donne lieu à des règles spéciales quand le conflit se produit entre des tribunaux administratifs et judiciaires, sous la double face positive ou négative que nous venons d'indiquer.

Quand un tribunal judiciaire veut décider une question qui appartient à l'autorité administrative, et que, bouleversant ainsi les règles qui ont sagement établi une profonde distinction entre le pouvoir judiciaire et administratif, il compromet l'intérêt général qui est toujours mis en jeu quand il s'agit de décisions administratives; quand, en d'autres termes, il s'élève un conflit positif d'attribution, il se passe alors toute une procédure particulière qui a pris spécialement le nom de procédure de conflit. Le préfet prend un arrêté pour intimer au tribunal l'ordre de se dessaisir, et quelquefois le législateur a cru, notamment dans la constitution de 1848, qu'il fallait organiser un tribunal particulier, dont l'indépendance fût manifeste pour résoudre la question de savoir si le tribunal de l'ordre judiciaire avait ou non commis un empiètement sur les fonctions du tribunal administratif.

Si au contraire il n'existe entre un tribunal administratif et judiciaire qu'un conflit négatif d'attribution, c'est-à-dire si ni l'un ni l'autre ne veulent juger un procès qui appartient cependant positivement à l'un d'eux, ou bien si un conflit positif ou négatif s'élève entre deux juridictions administratives, l'ordre public ne paraissant pas troublé; et dans le premier cas, comme il s'agit surtout d'un déni de justice, il n'y aura lieu qu'à un réglement de juges entre l'administration et les tribunaux, ou entre les deux tribunaux du même ordre.

§ 1. — *Dans quel cas y a-t-il conflit négatif d'attribution ?*

Quatre conditions sont nécessaires ; il faut :

1° Que les deux tribunaux administratif et judiciaire se soient tous les deux déclarés incompétents et dessaisis de la contestation.

Ainsi, il n'y aura point de conflit négatif si l'autorité judiciaire, par exemple, avait reconnu sa compétence, même sans prononcer sur le fond, mais en statuant sur la qualité et l'intérêt des parties (Ord. du 13 juin 1821 et du 6 mars 1828). Il en serait de même, quoique l'hypothèse paraisse bien plus délicate, si, lorsque l'autorité judiciaire seule s'est dessaisie, le Conseil-d'Etat se bornait à annuler pour excès de pouvoir, par exemple, un arrêté émané d'un tribunal administratif inférieur, sans toutefois déclarer l'autorité administrative absolument incompétente (Ord. du 23 août 1843.

Mais il ne faudrait pas croire qu'il faille pour qu'il y ait conflit négatif d'attribution, que le dessaisissement des deux autorités ait eu lieu sur tous les points du litige, l'incompétence admise par les deux tribunaux sur un seul point suffirait amplement. Ainsi, si un tribunal judiciaire refusait de juger le fond d'une contestation, après la décision de l'autorité administrative sur une question préjudicielle qu'il avait lui-même renvoyée à l'examen de ces autorités, le conflit négatif existerait. (Ord. du 26 février 1823) ;

2o Il faut que l'une des deux autorités ait méconnu sa compétence. En effet, si sur une question commerciale, un conseil de préfecture et un tribunal civil se sont tous les deux déclarés incompétents, tous deux auraient raison ; car l'affaire devait être portée devant un tribunal de commerce. De même, si sur une affaire administrative qui n'avait pas été expressément déférée au conseil de préfecture, un conseil de préfecture et un tribunal civil s'étaient respectivement déclarés incompétents, ils auraient eu encore raison l'un et l'autre, car l'affaire pouvait peut-être se porter devant un ministre qui seul aurait été compétent, et dès-lors on peut dire qu'il y a eu erreur des parties et non des juges.

3o Il faut qu'il y ait identité dans l'objet en litige. Il est bien certain, en effet, que si chacune des autorités a prononcé son incompétence sur des objets différents, les parties ne sont pas fondées à dire qu'elles manquent de juges pour donner une solution à leur débat sur les questions qu'elles leur ont proposées.

Ainsi, il n'y aura pas de conflit négatif lorsque, sur les renvois d'un comptable devant les tribunaux ordinaires pour faire décider une question de fond, la partie ne présente qu'une demande en révision de compte, et qu'alors l'autorité judiciaire se déclare incompétente. (Ord. du 14 nov. 1821) ;

4o Il faut enfin évidemment que les deux déclarations d'incompétence soient intervenues entre les mêmes parties.

Il n'est pas douteux non plus que le conflit négatif d'attribution ne peut s'établir qu'entre deux autorités qui ont juridiction. Il nous semble dès-lors que, malgré une ordonnance rendue en Conseil-d'Etat le 2 février 1825, c'est à tort qu'on a vu un conflit négatif résultant d'une double déclaration d'imcompétence émanée d'un conseil municipal qui n'est pas un tribunal, et d'un tribunal civil.

§ 2. — *Comment peut-on faire cesser le conflit négatif d'attribution.*

D'abord, il est bien certain que le préfet ne pourra pas, comme lorsqu'il s'agit d'un conflit positif, exercer la revendication du procès, au moyen d'un arrêté de conflit. C'est aux parties qu'il appartient de faire cesser le conflit, en déférant par les voies ordinaires les décisions administratives ou judiciaires qui sont intervenues, à l'autorité supérieure dans l'ordre hiérarchique, ou bien en se pourvoyant directement en réglement de juges devant le Conseil-d'Etat. L'ordonnance du mois d'août 1737 statuait, dans un art. 21, titre 2, que l'on devait d'abord se pourvoir par les voies ordinaires et hiérarchiques, avant de demander un réglement de juges ; mais il est maintenant généralement admis et consacré du reste par un arrêt de cassation, du 26 mars 1838, que les parties demeurent libres de prendre l'une ou l'autre voie.

Si l'une des deux décisions déclaratives d'incompétence était rendue en dernier ressort, il est fort remarquable qu'il n'y aurait pas pour cela épuisement de juridiction, et que le réglement de juges pourrait toujours être demandé.

La constitution de 1848, en déférant sans distinction par son art. 89, la connaissance des conflits d'attribution au tribunal spécial des conflits, paraissait lui donner compétence aussi-bien pour les conflits négatifs, que pour les conflits positifs ; et en effet le réglement du 26 octobre 1849 détermina les formes à suivre devant lui pour les jugements des conflits négatifs. Mais sous l'empire de la constitution actuelle, l'Empereur en Conseil-d'Etat est le seul qui puisse, dominant à la fois l'autorité administrative et judiciaire, décider les conflits entre ces deux pouvoirs. D'ailleurs le droit consultatif du Conseil-d'Etat en cette matière est écrit dans l'art. 1er du décret organique du 25 janvier 1852.

La demande en réglement de juges doit être introduite au Conseil-d'Etat par requête des parties, présentée en la forme contentieuse. Aussi il a été décidé qu'elle ne pourrait pas être introduite par le garde-des-sceaux et sans constitution d'avocat.

M. de Cormenin a soutenu qu'il n'était pas essentiel de communiquer la requête du demandeur en réglement de juges aux autres parties du procès. Cette opinion nous paraît renfermer une exception non justifiée aux règles qui déterminent la façon d'introduire un pourvoi en la forme contentieuse au Conseil-d'Etat, et il nous semble dès-lors que le demandeur devra obtenir, comme en toute autre matière, une ordonnance de *soit communiqué*; mais nous croyons aussi que l'on peut soutenir avec beaucoup d'avantage que le défendeur ne sera pas admis à se prévaloir du retard apporté dans la signification de l'ordonnance. A quoi lui servirait en effet d'opposer un moyen pareil? on retomberait en effet toujours ainsi dans l'embarras de la double incompétence , et c'est précisément ce que l'on avait pour but d'éviter.

Le décret qui prononce un réglement de juges entre l'autorité administrative et les tribunaux judiciaires, en annulant l'une ou l'autre des sentences qui lui étaient déférées , se borne à renvoyer d'une manière générale et sans désignation d'aucun juge ou tribunal particulier devant l'une ou l'autre des autorités administratives ou judiciaires. Il était bon de mentionner cette règle, tandis qu'il est presque superflu de dire que la décision rendue par le Conseil-d'Etat est susceptible d'opposition, de tierce-opposition et de requête civile, dans les mêmes cas et pour les mêmes causes que les décisions ordinaires rendues par le Conseil-d'Etat en matière contentieuse.

§ 3. — *Dans quel cas y a-t-il lieu aux conflits de juridiction administrative.*

Il existera toutes les fois que deux tribunaux administratifs se seront déclarés compétents pour statuer sur une même question, ou lorsqu'ils auront tous les deux refusé d'en connaître. Dans le premier cas, le conflit est positif; dans le second , il est négatif; mais , dans une hypothèse comme dans l'autre , il est bien certain qu'il faudra qu'il y ait eu identité d'objet et de personne.

§ 4. — *Comment peut-on faire cesser le conflit positif de juridiction.*

Les conflits dont nous nous occupons ne sont, à vrai dire, que des affaires contentieuses ordinaires que les parties peuvent à leur choix déférer par la voie hiérarchique aux autorités supérieures ou déférer directement à l'autorité suprême chargée d'y statuer.

Sous tous les régimes, c'est le Conseil-d'Etat qui a prononcé sur les conflits de juridiction administraive ; c'est là une des matières dans lesquelles il joue le rôle de cour de cassation ; seulement, cumulant à la fois les fonctions de cour de cassation et de tribunal d'appel, il lui sera permis d'évoquer le fond et d'y statuer, sans se borner à renvoyer devant le juge compétent, lorsque la matière a déjà subi le premier degré de juridiction, parce que le tribunal dont la décision est annulée, a jugé à la fois la compétence et le fond. Si, au contraire, le fond n'a pas encore été jugé, le Conseil-d'Etat ne peut prononcer comme juge d'appel, et il doit alors simplement renvoyer devant le juge compétent, parce qu'autrement le premier degré de juridiction serait franchi.

Cette Thèse sera soutenue, en séance publique, dans une des salles de la Faculté, le   1855.

Vu par le Président de la Thèse,

DELPECH.

Toulouse, Imp. Gibrac OUVRIERS RÉUNIS, rue St-Pantaléon, 3.

Imprimerie Gibrac OUVRIERS RÉUNIS; rue St-Pantaléon, 3, hôtel Laromiguière.